Impressum
Verlag: BABADADA GmbH, Nedderfeld 112 , 22529 Hamburg
Geschäftsführer / Verlagsleitung: Harald Hof
Druck: Books on Demand GmbH, In de Tarpen 42, 22848 Norderstedt

Imprint
Publisher: BABADADA GmbH, Nedderfeld 112 , 22529 Hamburg, Germany
Managing Director / Publishing direction: Harald Hof
Print: Books on Demand GmbH, In de Tarpen 42, 22848 Norderstedt, Germany

школа
la escuela

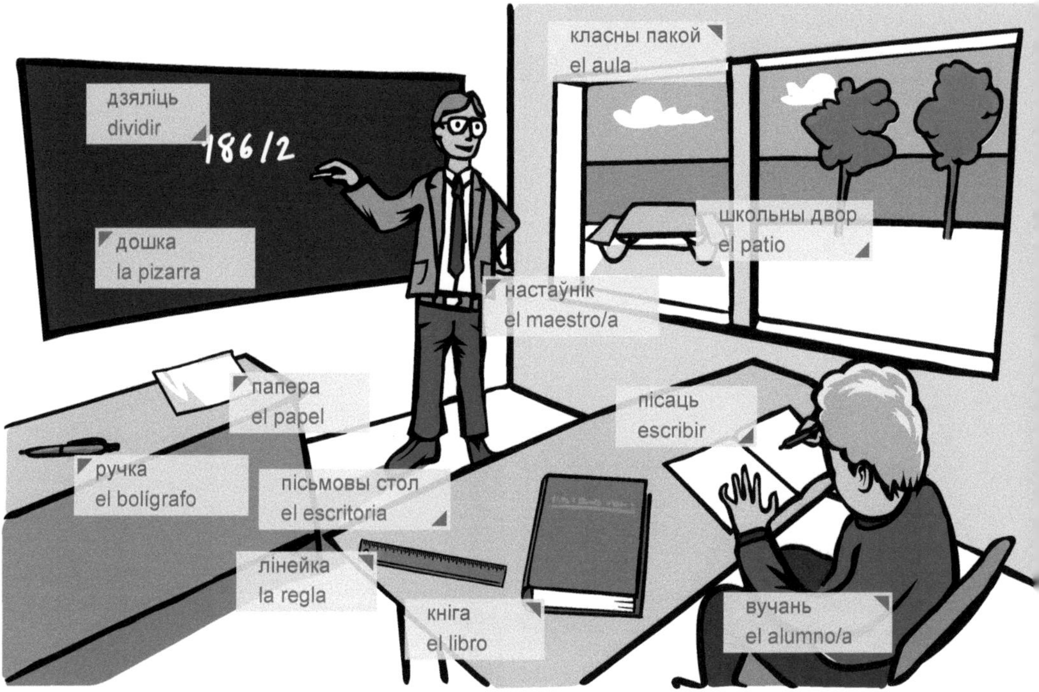

класны пакой
el aula
дзяліць
dividir
186/2
дошка
la pizarra
школьны двор
el patio
настаўнік
el maestro/a
папера
el papel
пісаць
escribir
ручка
el bolígrafo
пісьмовы стол
el escritoria
лінейка
la regla
кніга
el libro
вучань
el alumno/a

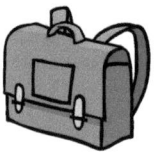

ранец

la cartera

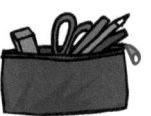

пенал

la caja de lápices

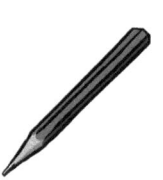

просты аловак

el lápiz

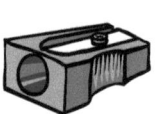

тачылка для алоўкаў

el sacapuntas

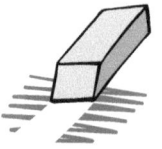

гумка

la goma de borrar

альбом для малявання

el cuaderno de dibujo

малюнак

el dibujo

пэндзлік

el pincel

фарбы

la caja de pinturas

нажніцы

las tijeras

клей

el pegamento

сшытак

el cuaderno de ejercicios

хатняе заданне

los deberes

лік

el número

дадаваць

sumar

адымаць

restar

множыць

multiplicar

лічыць

calcular

літара

la letra

алфавіт

el alfabeto

hello

слова

la palabra

тэкст

el texto

чытаць

leer

крэйда

la tiza

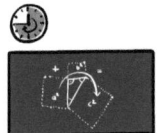

ўрок

la lección

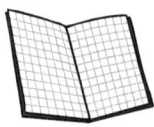

класны журнал

el cuaderno de notas

экзамен

el examen

атэстат

el certificado

школьная форма

el uniforme

адукацыя

la educación

энцыклапедыя

la enciclopedia

універсітэт

la universidad

мікраскоп

el microscopio

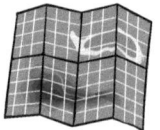

карта

el mapa

смеццевы кошык

la papelera

падарожжа

el viaje

гатэль
el hotel
Grand
хостэл
el albergue
ROOMS
бменны пункт
oficina de cambio de divisas
чамадан
la maleta
аўтамабіль
el coche

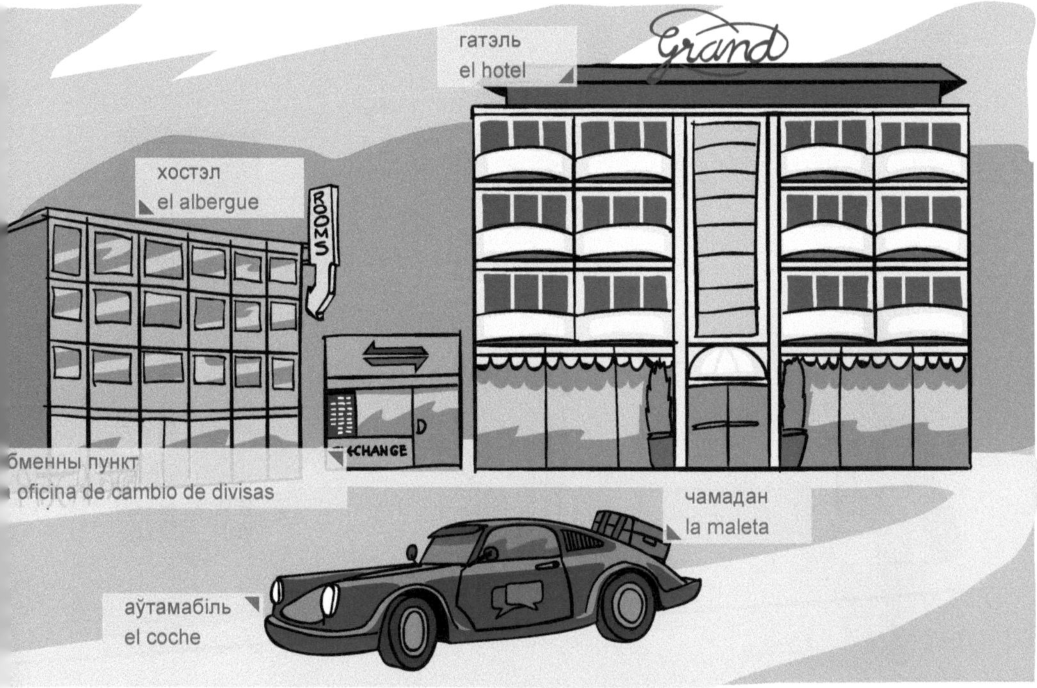

мова

el idioma

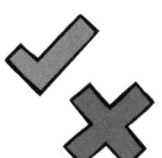

так / не

sí / no

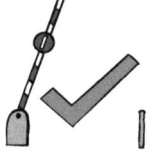

добра

Vale

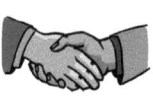

прывітанне!

hola

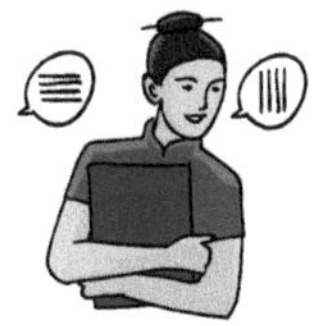

перакладчык

el traductor

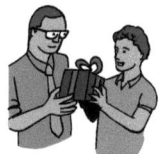

дзякуй

Gracias

Колькі каштуе....?
¿cuánto es…?

я не разумею
No entiendo

праблема
el problema

Добры вечар!
¡Buenas tardes!

Добрай раніцы!
¡Buenos días!

Дабранач!
¡Buenas noches!

да пабачэння
adiós

кірунак
la dirección

багаж
el equipaje

сумка
la bolsa

заплечнік
la mochila

госць
el invitado

пакой
la habitación

спальны мяшок
el saco de dormir

палатка
la tienda de campaña

інфармацыя для турыстаў

la información turística

пляж

la playa

крэдытная картка

la tarjeta de crédito

снеданне

el desayuno

абед

el almuerzo

вячэра

la cena

праязны білет

el billete

ліфт

el ascensor

паштовая марка

el sello

мяжа

la frontera

мытня

la aduana

пасольства

la embajada

віза

la visa

пашпарт

el pasaporte

транспарт
el transporte

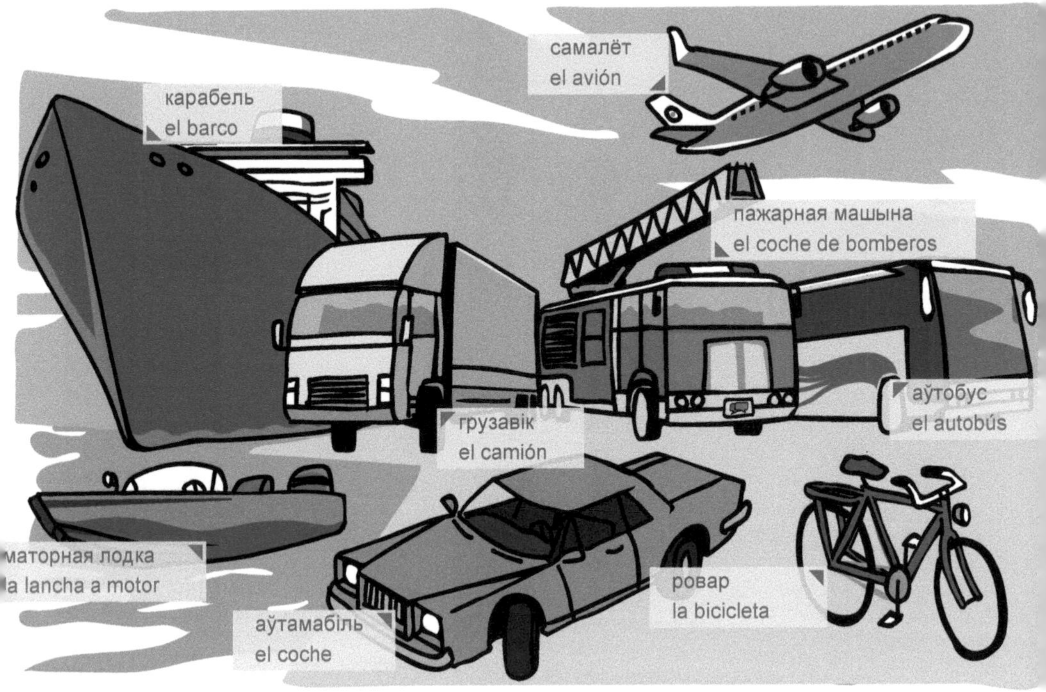

самалёт
el avión

карабель
el barco

пажарная машына
el coche de bomberos

аўтобус
el autobús

грузавік
el camión

маторная лодка
la lancha a motor

ровар
la bicicleta

аўтамабіль
el coche

паром

el transbordador

лодка

la barca

матацыкл

la moto

паліцэйская машына

el coche de policía

гоначны аўтамабіль

el coche de carreras

арэндаваны аўтамабіль

el coche de alquiler

сумеснае карыстанне
аўтамабілем

el préstamo de vehículos

эвакуатар

la grúa

смеццявоз

el camión de la basura

матор

el motor

паліва

la gasolina

запраўка

la gasolinera

дарожны знак

la señal de tráfico

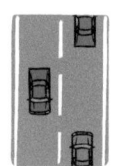

дарожны рух

el tráfico

затор

el atasco

паркоўка

el aparcamiento

чыгуначная станцыя

la estación de tren

рэйкі

las vías

цягнік

el tren

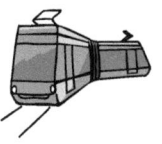

трамвай

el tranvía

вагон

el vagón

верталёт

el helicóptero

аэрапорт

el aeropuerto

вежа

la torre

пасажыр

el pasajero

кантэйнер

el contenedor

кардонная скрыня

la caja de cartón

тачка

la carretilla

карзіна

la cesta

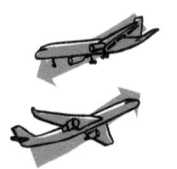

ўзлятаць / прызямляцца

despegar / aterrizar

горад

la ciudad

вёска

el pueblo

цэнтр горада

el centro de la ciudad

дом

la casa

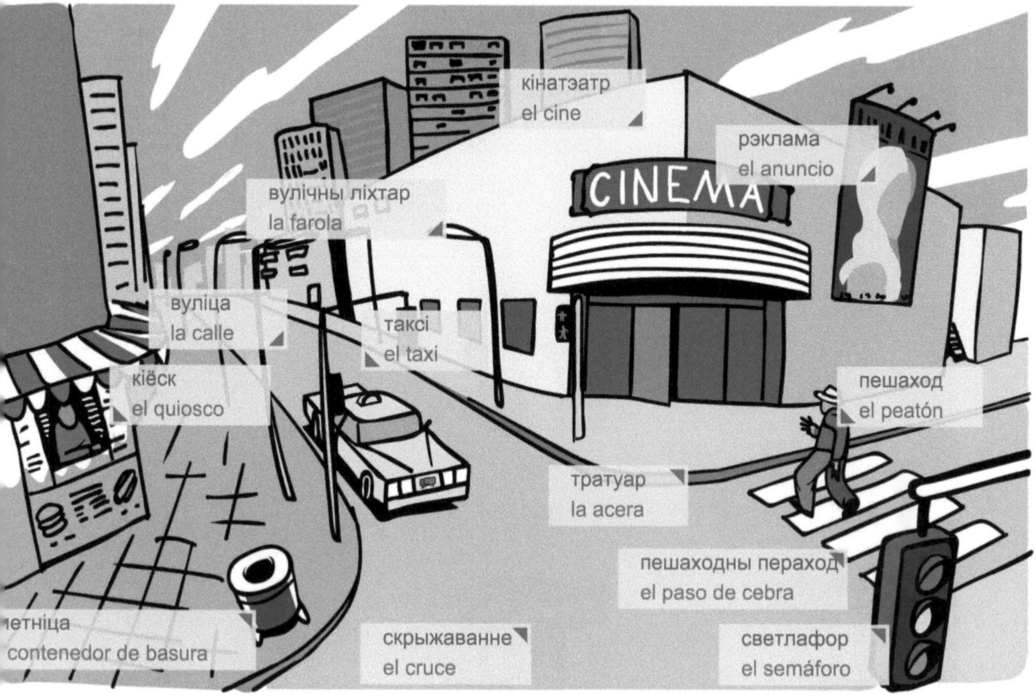

кінатэатр
el cine

рэклама
el anuncio

вулічны ліхтар
la farola

CINEMA

вуліца
la calle

таксі
el taxi

пешаход
el peatón

кіёск
el quiosco

тратуар
la acera

пешаходны пераход
el paso de cebra

сметніца
contenedor de basura

скрыжаванне
el cruce

светлафор
el semáforo

халупа

la cabaña

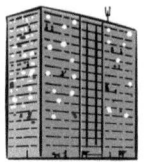

кватэра

el apartamento

чыгуначная станцыя

la estación de tren

ратуша

el ayuntamiento

музей

el museo

школа

la escuela

універсітэт

la universidad

банк

el banco

шпіталь

el hospital

гатэль

el hotel

аптэка

la farmacia

офіс

la oficina

кнігарня

la librería

крама

la tienda de campaña

кветкавая крама

la floristería

супермаркет

el supermercado

кірмаш

el mercado

універмаг

los grandes almacenes

рыбная крама

la pescadería

гандлевы цэнтр

el centro comercial

порт

el puerto

парк
el parque

лава
el banco

мост
el puente

лесвіца
las escaleras

метро
el metro

тунэль
el túnel

прыпынак
la parada de autobús

бар
el bar

рэстаран
el restaurante

паштовая скрыня
el buzón

вулічны паказальнік
el poste indicador

паркамат
el parquímetro

заапарк
el zoo

басейн
la piscina

мячэць
la mezquita

сядзіба
la granja

забруджванне
навакольнага асяроддзя

la contaminación

могілкі
el cementerio

царква
la iglesia

пляцоўка для гульні
el patio de juego

храм
el templo

краявід
el paisaje

ліст
la hoja

паказальнік
la señal

дарога
el camino

луг
el prado

камень
la piedra

дрэва
el árbol

падарожнік
el excursionista

рака
el río

трава
la hierba

кветка
la flor

даліна

el valle

гара

la colina

возера

el lago

лес

el bosque

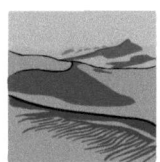

пустыня

el desierto

вулкан

el volcán

замак

el castillo

вясёлка

el arcoíris

грыб

el champiñón

пальма

la palmera

камар

el mosquito

муха

la mosca

мурашка

la hormiga

пчала

la abeja

павук

la araña

жук

el escarabajo

жаба

la rana

вавёрка

la ardilla

вожык

el erizo

заяц

la liebre

сава

la lechuza

птушка

el pájaro

лебедзь

el cisne

дзік

el jabalí

алень

el ciervo

лось

el alce

плаціна

la presa

вятрак

la turbina eólica

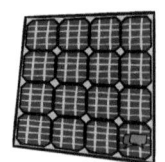

сонечная батарэя

el panel solar

клімат

el clima

рэстаран

el restaurante

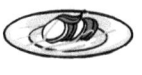

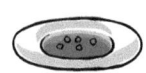

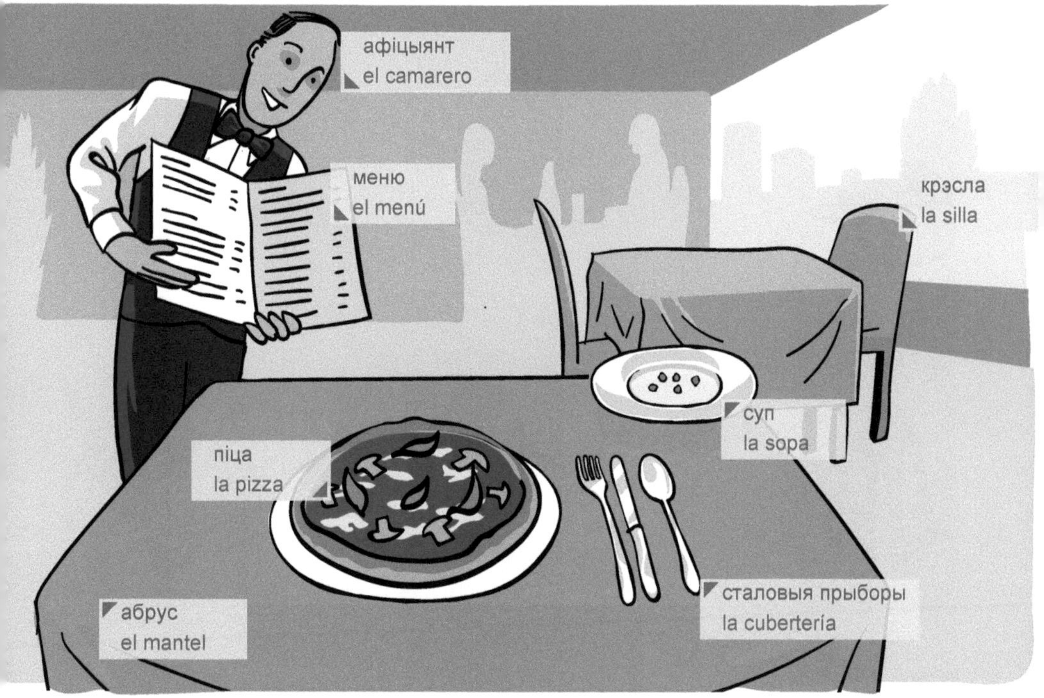
афіцыянт
el camarero
меню
el menú
крэсла
la silla
суп
la sopa
піца
la pizza
абрус
el mantel
сталовыя прыборы
la cubertería

закуска

el primer plato

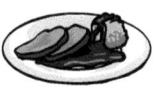

другая страва

el plato principal

дэсерт

el postre

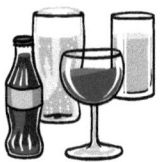

напоі

las bebidas

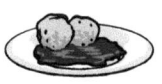

ежа

la comida

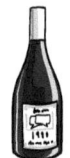

бутэлька

la botella

хуткае харчаванне (фаст-
фуд)

la comida rápida

стрыт-фуд

la comida callejera

імбрык (чайнік)

la tetera

цукарніца

el azucarero

порцыя

la porción

эспрэса-машына

la cafetera expreso

дзіцячае крэселка

la trona

рахунак

la cuenta

паднос

la bandeja

нож

el cuchillo

відэлец

el tenedor

лыжка

la cuchara

чайная лыжка

la cucharilla

сурвэтка

la servilleta

шклянка

el vaso

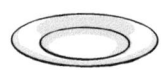

талерка

el plato

супавая талерка

el plato hondo

сподак

el platillo

соус

la salsa

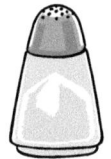

сальніца

el salero

млынок для перцу

el molinillo de pimienta

воцат

el vinagre

алей

el aceite

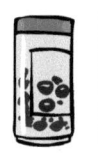

спецыі

las especias

кетчуп

el ketchup

гарчыца

la mostaza

маянэз

la mayonesa

супермаркет
el supermercado

акцыя
la oferta especial
FOR
пакупнік
el cliente
малочныя прадукты
los lácteos
садавіна
la fruta
вазок
el carro de compra

BUTCHERS

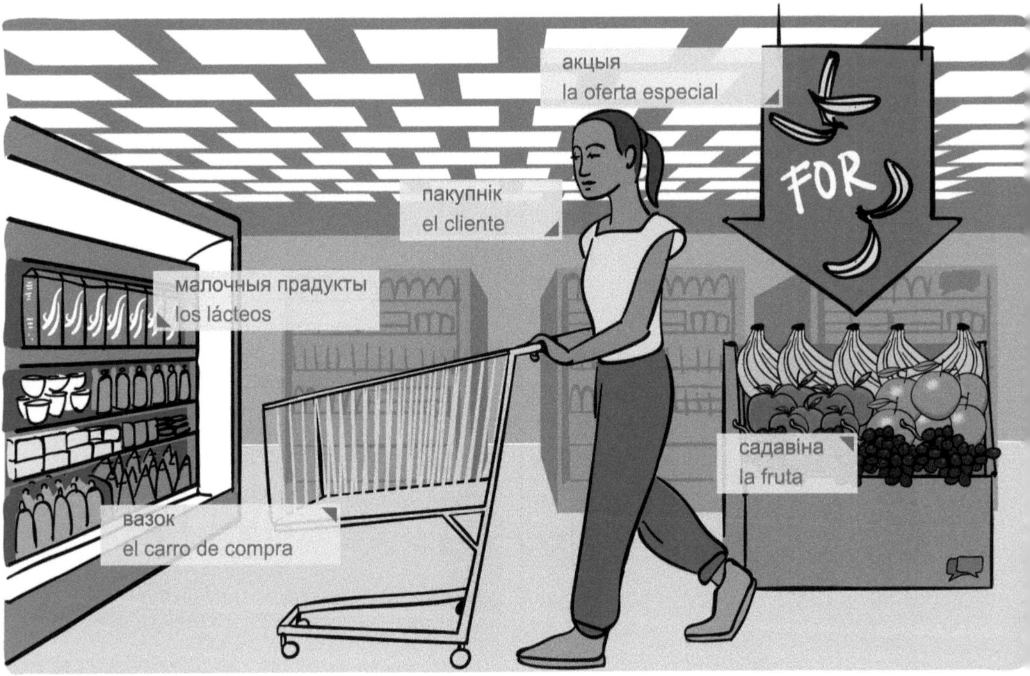

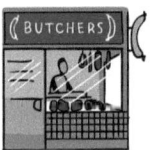

мясная крама

la carniceria

BAKERY

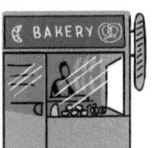

хлебны магазін

la panadería

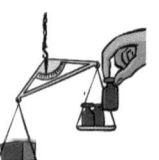

важыць

pesar

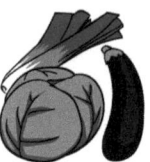

гароднiна

las verduras

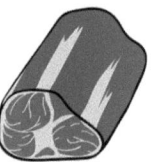

мяса

la carne

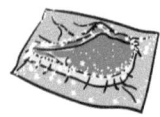

свежазамарожаныя прадукты

los alimentos congelados

нарэзка

los fiambres

кансервы

las conservas

пральны парашок

el detergente en polvo

прысмакі

los dulces

хатнія прылады

productos de uso doméstico

чысцячы сродак

productos de limpieza

прадавец

la vendedora

каса

la caja de cartón

касір

el cajero

спіс пакупак

la lista de la compra

гадзіны працы

el horario de atención al público

бумажнік

la cartera

крэдытная картка

la tarjeta de crédito

сумка

la bolsa de plástico

пакет

la bolsa de plástico

вада

el agua

сок

el zumo

малако

la leche

кола

la cola

віно

el vino

піва

la cerveza

алкаголь

el alcohol

какава

el cacao

гарбата (чай)

el té

кава

el café

эспрэса

el expreso

капучына

el capuchino

банан

el plátano

яблык

la manzana

апельсін

la naranja

дыня

el melón

лімон

el limón

морква

la zanahoria

часнок

el ajo

бамбук

el bambú

цыбуля

la cebolla

грыб

el champiñón

арэхі

las avellanas

локшына

los fideos

спагеці
....
las espagueti

рыс
....
el arroz

салата
....
la ensalada

бульба фры
....
las patatas fritas

смажаная бульба
....
las patatas fritas

піца
....
la pizza

гамбургер
....
la hamburguesa

бутэрброд
....
el sándwich

шніцаль
....
el filete

вяндліна
....
el jamón

салямі
....
le salami

каўбаса
....
la salchicha

курыца
....
el pollo

смажаніна
....
el asado

рыбак
....
el pescado

аўсяныя камякі

los copos de avena

мюслі

el muesli

кукурузныя шматкі

los copos de maíz

мука

la harina

круасан

el cruasán

булачка

el panecillo

хлеб

el pan

тост

la tostada

пячэнне

las galletas

масла

la mantequilla

тварог

la cuajada

пірог

el pastel

яйка

el huevo

яечня

el huevo frito

сыр

el queso

марожанае

el helado

цукар

el azúcar

мёд

la miel

варэнне

la mermelada

нуга

la crema de turrón

кары

el curry

сядзіба
la granja

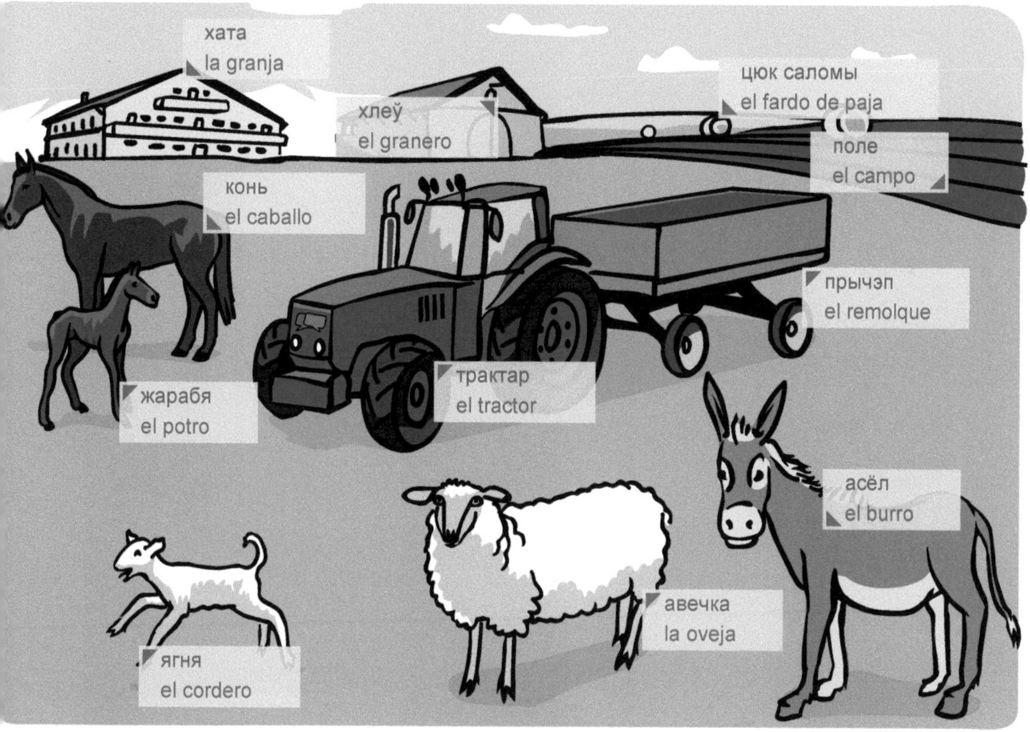
хата
la granja
хлеў
el granero
цюк саломы
el fardo de paja
поле
el campo
конь
el caballo
прычэп
el remolque
трактар
el tractor
жарабя
el potro
асёл
el burro
авечка
la oveja
ягня
el cordero

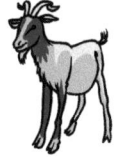

каза

la cabra

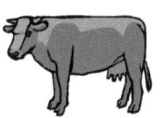

карова

la vaca

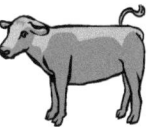

цяля

el ternero

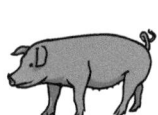

свіння

el cerdo

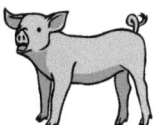

парася

el cerdito

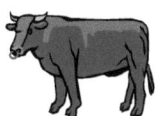

бык

el toro

гусак

el ganso

качка

el pato

кураня

el pollo

курыца

la gallina

певень

el gallo

пацук

la rata

кот

el gato

мыш

el ratón

вол

el buey

сабака

el perro

сабачая будка

la perrera

садовы шланг

la manguera

палівачка

la regadera

каса

la guadaña

плуг

el arado

серп

la hoz

матыка

la azada

вілы для гною

la horca

сякера

el hacha

тачка

la carretilla

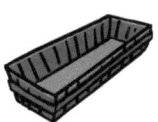

карыта

el abrevadero

бітон для малака

la lechera

мех

el saco

плот

la valla

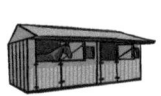

хлеў

el establo

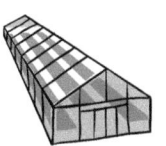

цяпліца

el invernadero

глеба

el suelo

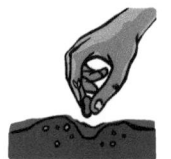

насенне

la semilla

угнаенне

el fertilizador

камбайн

la cosechadora

збіраць ураджай

cosechar

ураджай

la cosecha

ямс

el ñame

пшаніца

el trigo

соя

el soja

бульба

la patata

кукуруза

el maíz

рапс

la semilla de colza

садовае дрэва

el árbol frutal

маніёк

la mandioca

збожжа

las cereales

дом
la casa

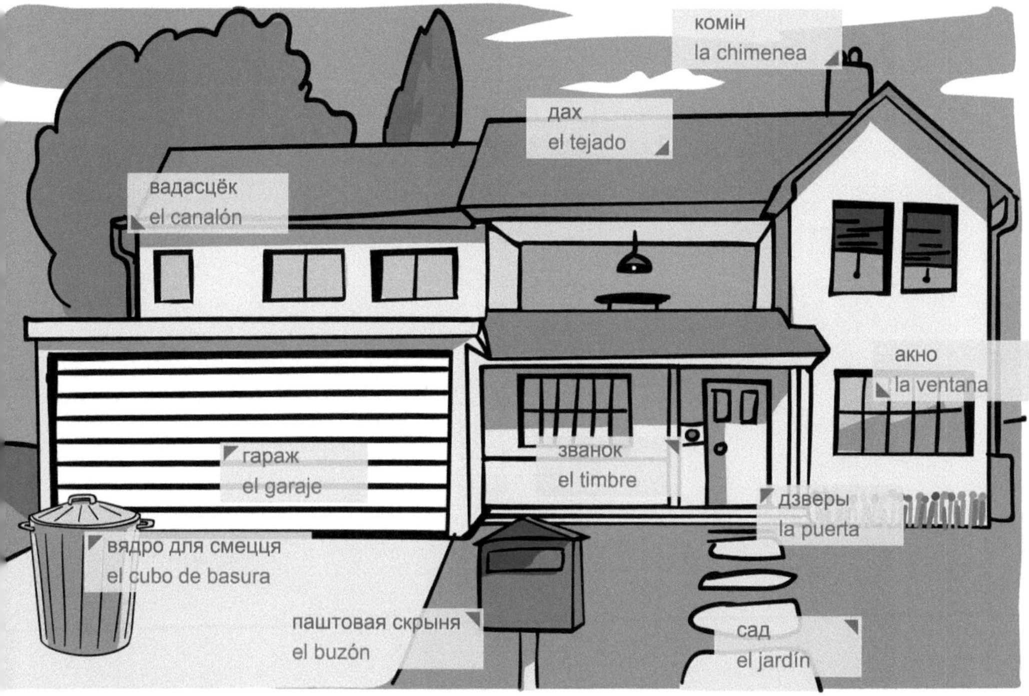
комін
la chimenea
дах
el tejado
вадасцёк
el canalón
акно
la ventana
гараж
el garaje
званок
el timbre
дзверы
la puerta
вядро для смецця
el cubo de basura
паштовая скрыня
el buzón
сад
el jardín

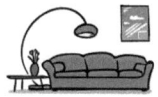

жылы пакой

la sala

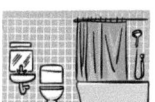

ванная

el cuarto de baño

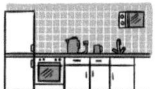

кухня

la cocina

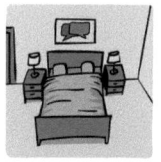

спальны пакой

el dormitorio

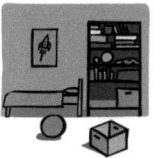

дзіцячы пакой

la habitación de los niños

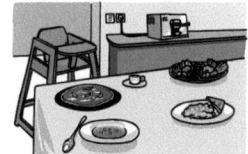

сталоўка

el comedor

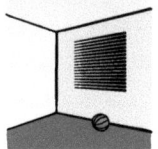

падлога

el suelo

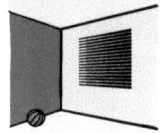

сцяна

la pared

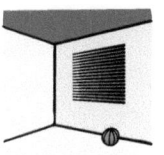

столь

el techo

падвал

el sótano

саўна

la sauna

балкон

el balcón

тэраса

la terraza

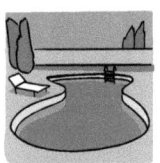

басейн

la piscina

касілка

el cortacésped

падкоўдранік

la sábana

коўдра

la colcha

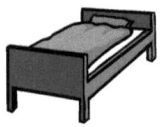

ложак

la cama

венік

la escoba

вядро

el balde

выключальнік

el interruptor

жылы пакой

la sala

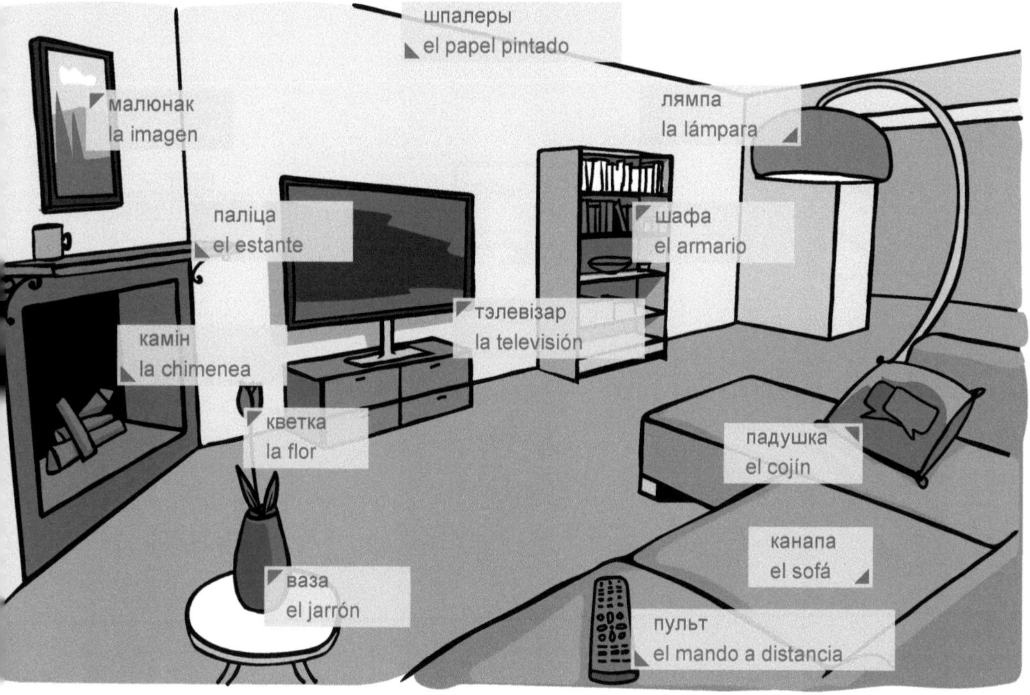
шпалеры
el papel pintado
малюнак
la imagen
лямпа
la lámpara
паліца
el estante
шафа
el armario
тэлевізар
la televisión
камін
la chimenea
кветка
la flor
падушка
el cojín
канапа
el sofá
ваза
el jarrón
пульт
el mando a distancia

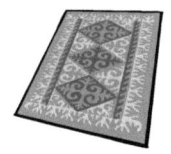

дыван
la alfombra

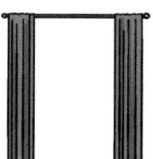

фіранка
la cortina

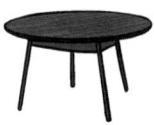

стол
la mesa

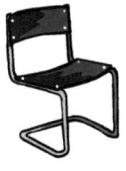

крэсла
la silla

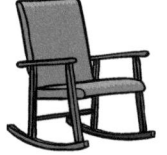

крэсла-качалка
el mecedora

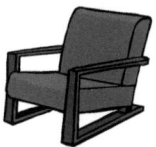

крэсла
la butaca

кніга

el libro

коўдра

la manta

дэкарацыя

la decoración

дровы

la leña

кіно

la película

стэрэасістэма

el equipo de música

ключ

la llave

газета

el periódico

карціна

la pintura

постар

el póster

радыё

la radio

нататнік

el cuaderno

пыласос

la aspiradora

кактус

el cactus

свечка

la vela

кухня
la cocina

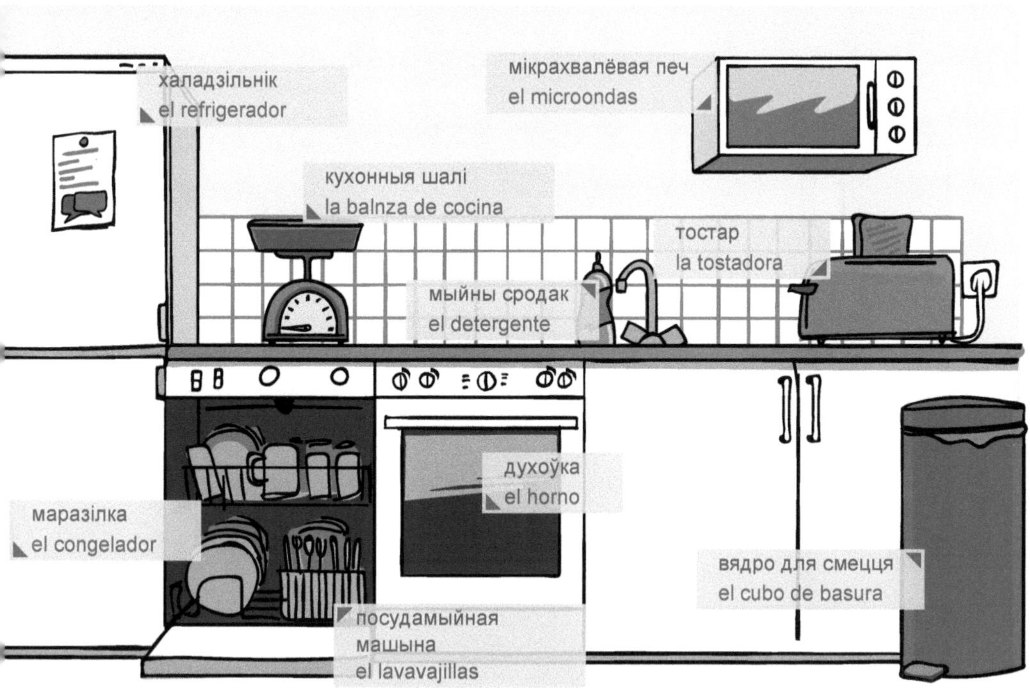

халадзільнік
el refrigerador
мікрахвалёвая печ
el microondas
кухонныя шалі
la balnza de cocina
тостар
la tostadora
мыйны сродак
el detergente
духоўка
el horno
маразілка
el congelador
вядро для смецця
el cubo de basura
посудамыйная машына
el lavavajillas

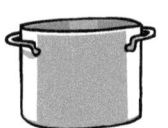

пліта

la olla a presión

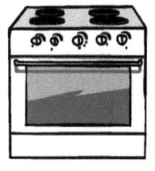

рондаль

la olla

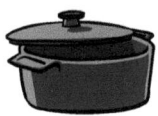

чыгунок

la olla de hierro fundido

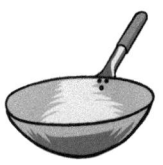

Вок / кадаі

el wok

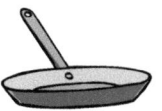

патэльня

la cazuela

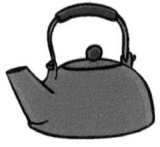

чайнік

el hervidor

параварка

la vaporera

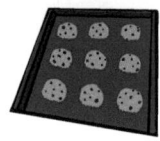

бляха

la chapa de horno

посуд

la vajilla

кубак

la taza

міска

el tazón

палачкі для ежы

los palillos

чарпак

el cucharón

лапатачка

la espumadera

збівалка

el batidor

сіта для варэння

el colador

сіта

el cedazo

тарка

el rallador

ступка

el mortero

грыль

la barbacoa

вогнішча

la hoguera

дошка

la tabla de picar

качалка

el rodillo

штопар

el sacacorchos

бляшанка

la lata

адкрывалка

el abrelatas

прыхваткі

el agarrador

ракавіна

el lavabo

шчотка

el cepillo

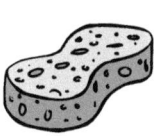

губка

la esponja

міксер

la batidora

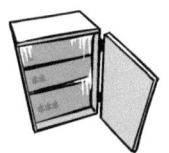

маразільная камера

el congelador

бутэлечка

el biberón

вадаправодны кран

el grifo

ванная

el cuarto de baño

душ
la ducha
ручніковы сушыцель
la calefacción
ручнік
la toalla
штора для душа
la cortina de la ducha
пенная ванна
el baño de espuma
ванна
la bañera
шклянка
el vaso
мыйная машына
la lavadora
вадаправодны кран
el grifo
плітка
las baldosas
начны гаршчок
el orinal
ракавіна
el lavabo

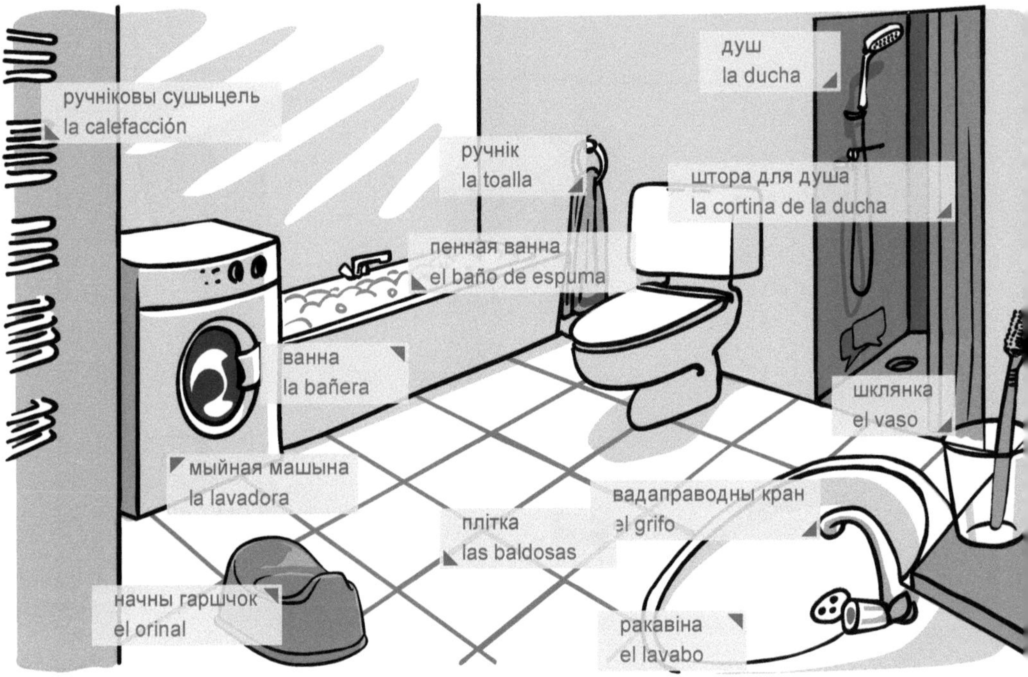

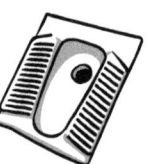

туалет

el inodoro

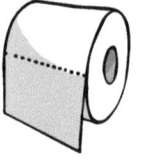

падлогавы ўнітаз

el inodoro rústico

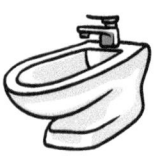

бідэ

el bidé

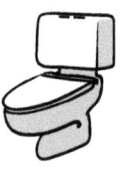

пісуар

el urinario

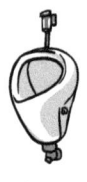

туалетная папера

el papel higiénico

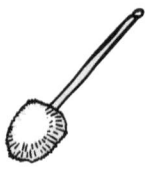

шчотка для чысткі ўнітаза

la escobilla del váter

зубная шчотка

el cepillo de dientes

зубная паста

la pasta de dientes

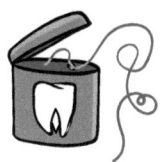

зубная нітка

el hilo dental

мыць

lavar

ручны душ

la ducha de mano

інтымны душ

la ducha íntima

умывальнік

la pila

шчотка для спіны

el cepillo de espalda

мыла

el jabón

гель для душа

el gel de ducha

шампунь

el champú

вяхотка

la toallita

вадасцёк

el desagüe

крэм

la crema

дэзадарант

el desodorante

люстэрка

el espejo

касметычнае люстэрка

el espejo de tocador

станок для галення

la maquinilla de afeitar

пена для галення

la espuma de afeitar

ласьён пасля галення

la loción postafeitado

грэбень

el peine

шчотка

el cepillo

фен

el secador

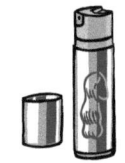

лак для валасоў

la laca

касметыка

el maquillaje

памада

el pintalabios

лак для пазногцяў

el pintauñas

вата

el algodón

манікюрныя нажніцы

el cortauñas

духі

el perfume

касметычка

el estuche de viaje

табурэтка

la banqueta

вагі

la balanza

лазневы халат

el albornoz

санітарныя пальчаткі

los guantes de goma

тампон

el tampón

гігіенічныя пракладкі

la compresa

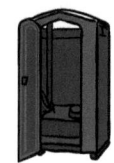

біятуалет

el inodoro químico

дзіцячы пакой

la habitación de los niños

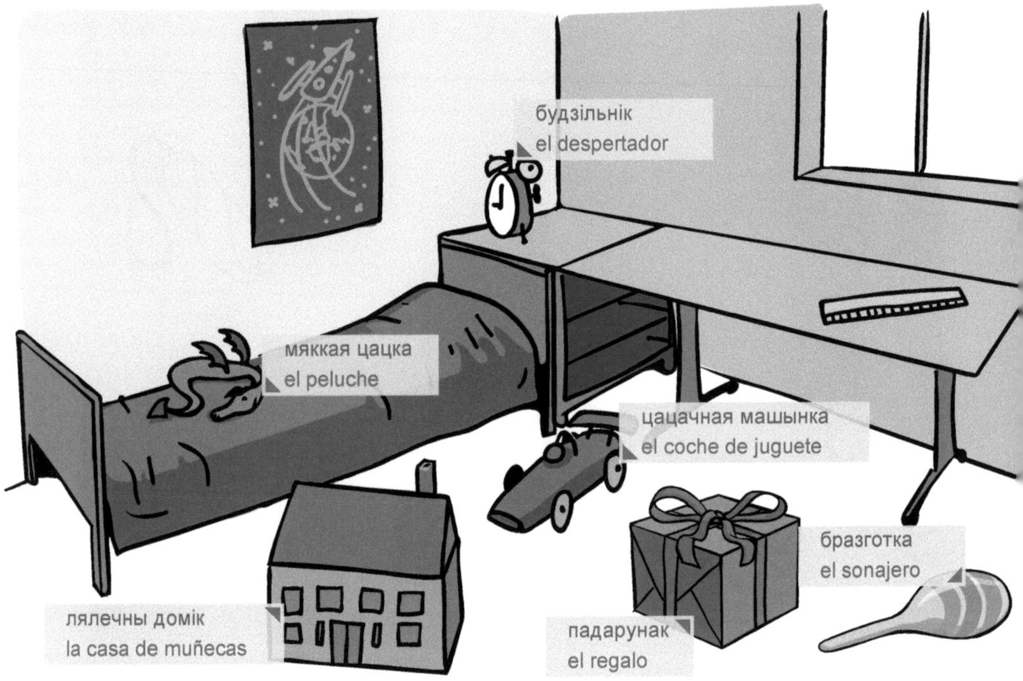

будзільнік
el despertador
мяккая цацка
el peluche
цацачная машынка
el coche de juguete
бразготка
el sonajero
лялечны домік
la casa de muñecas
падарунак
el regalo

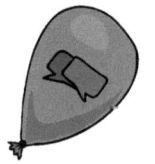

надзіманы шарык

el globo

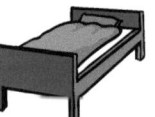

ложак

la cama

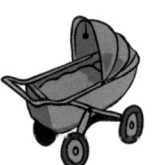

дзіцячая каляска

el coche de niño

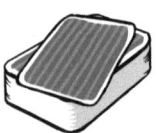

калода картаў

los naipes

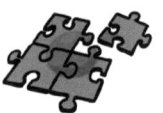

пазл

el puzle

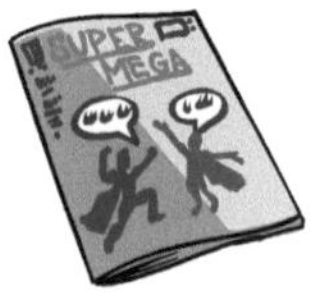

комікс

el tebeo

канструктар "Лега"

las piezas de lego

канструктар

los bloques de juguete

экшэн-фігурка

la figura de acción

дзіцячы гарнітур

el bodi (de bebé)

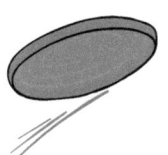

фрызбі

el frisbee

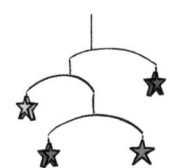

дзіцячы мабіль

el colgador móvil para bebés

настольная гульня

el juego de mesa

кубік

los dados

дзіцячая чыгунка

el circuito de tren eléctrico

пустышка

el maniquí

дзіцячае свята

la fiesta

кніга з малюнкамі

el álbum de fotos

мячык

la pelota

лялька

la muñeca

гуляцца

jugar

дзіцячы пакой - la habitación de los niños

пясочніца

el cajón de arena

арэлі

el columpio

цацкі

los juguetes

гульнявая відэа прыстаўка

la videoconsola

трохколавы ровар

el triciclo

плюшавы мішка

el oso de peluche

шафа

la guardarropa

адзенне

la ropa

шкарпэткі

los calcetines

панчохі

las medias

калготкі

los leotardos

шалік
la bufanda

парасон
el paraguas

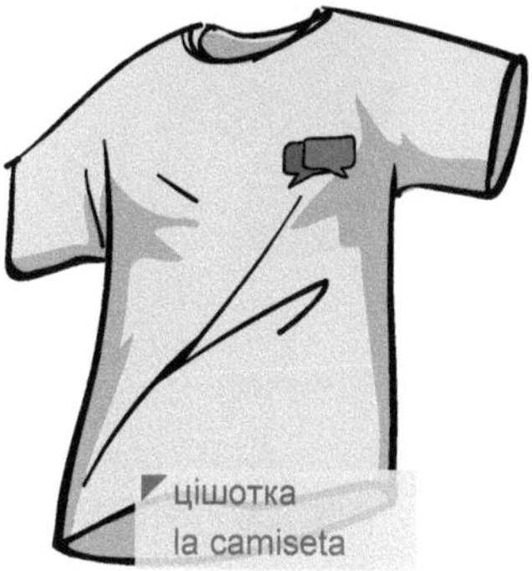

цішотка
la camiseta

рамень
el cinturón

боты
las botas

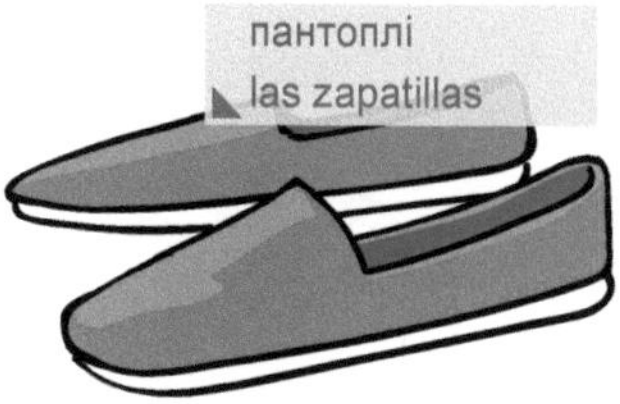

пантоплі
las zapatillas

красоўкі
las deportivas

сандалі
las sandalias

абутак
los zapatos

гумовыя боты
las botas de goma

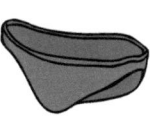

трусы
el slip

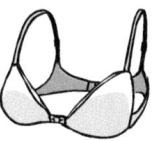

бюстгальтар
el sostén

майка
el chaleco

бодзі

el bodi

штаны

los pantalones cortos

джынсы

los vaqueros

спадніца

la falda

блузка

la blusa

кашуля

la camisa

джэмпер

el jersey

талстоўка

el suéter

блэйзер

el blazer

куртка

la chaqueta

паліто

el abrigo

дажджавік

la gabardina

касцюм

el traje

сукенка

el vestido

вясельная сукенка

el vestido de novia

касцюм

el traje

начная сарочка

el camisón

піжама

el pijama

сары

el sati

хустка

el bandana

цюрбан

el turbante

паранджа

la burka

каптан

el caftán

Абая

la abaya

купальнік

el traje de baño

плаўкі

el bañador

шорты

los pantalones cortos

спартыўны касцюм

el chándal

фартух

el delantal

пальчаткі

los guantes

гузік

el botón

акуляры

las gafas

бранзалет

el brazalete

каралі

el collar

кальцо

el anillo

завушніца

el pendiente

кепка

la gorra

вешалка

la percha

капялюш

el sombrero

гальштук

la corbata

маланка

la cremallera

шлем

el casco

падцяжкі

los tirantes

школьная форма

el uniforme

уніформа

el uniforme

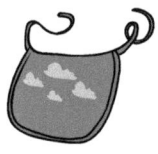

нагруднік

el babero

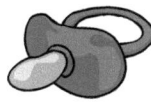

пустышка

el maniquí

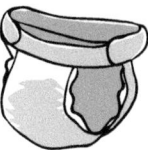

падгузнік

el pañal

офіс
la oficina

сервер
el servidor
канцылярская шафа
el archivo
папера
el papel
прынтэр
la impresora
манітор
el monitor
мыш
el ratón
пісьмовы стол
el escritoria
тэчка
la carpeta
клавіятура
el teclado
смеццевы кошык
la papelera
кампутар
el ordenador
крэсла
la silla

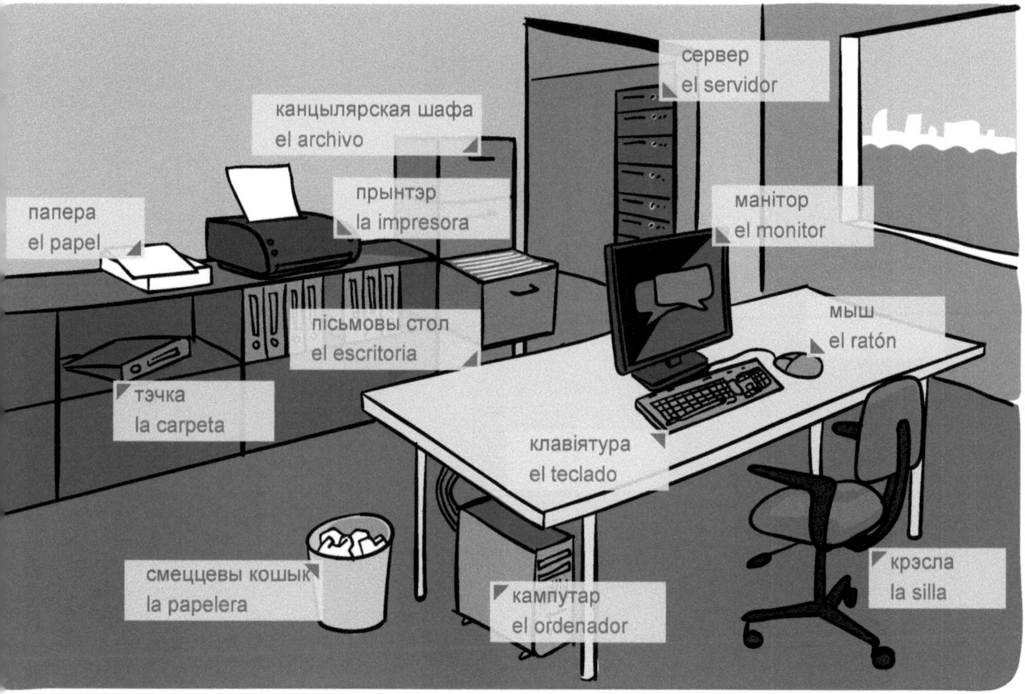

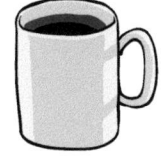

убак для кавы (філіжанка)

la taza de café

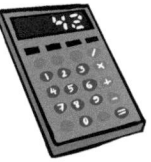

калькулятар

la calculadora

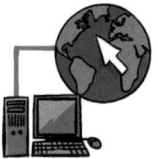

інтэрнэт

el internet

ноўтбук

el portátil

ліст

la carta

паведамленне

el mensaje

мабільны тэлефон

el móvil

сетка

la red

ксеракс

la fotocopiadora

праграмнае забеспячэнне

el software

тэлефон

el teléfono

разетка

la toma de corriente

факс

el fax

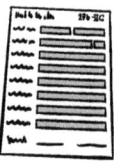

фармуляр

el formulario

дакумент

el documento

купляць
comprar

плаціць
pagar

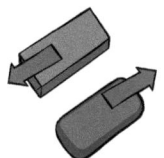

гандляваць
comerciar

грошы
el dinero

 **USD**

долар
el dólar

 **EUR**

еўра
el euro

JPY

ена
el yen

RUB

рубель
el rublo

CHF

франк
el franco suizo

CNY

кітайскі юань
el renminbi yuan

INR

рупія
la rupia

банкамат
el cajero automático

абменны пункт

la oficina de cambio de divisas

золата

el oro

срэбра

la plata

нафта

el petróleo

энергія

la energía

цана

el precio

кантракт

el contrato

падатак

el impuesto

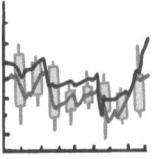

акцыя

la acción

працаваць

trabajar

служачы

el empleador

працадаўца

el empleador

фабрыка

la fábrica

крама

la tienda de campaña

прафесіі
los oficios

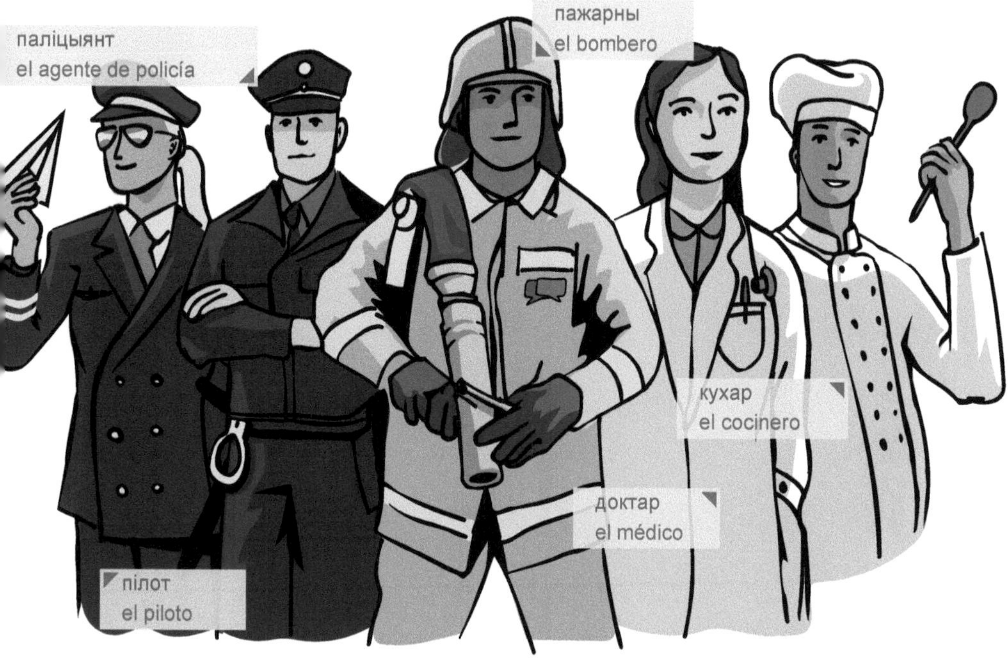

паліцыянт
el agente de policía
пажарны
el bombero
кухар
el cocinero
доктар
el médico
пілот
el piloto

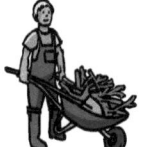

садоўнік

el jardinero

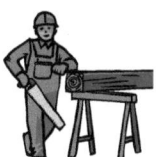

слесар

el carpintero

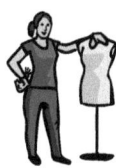

швачка

la costurera

суддзя

el juez

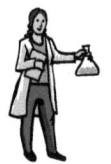

хімік

el farmacéutico

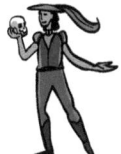

артыст

el actor

кіроўца аўтобуса

el conductor de autobús

таксіст

el taxista

рыбак

el pescador

прыбіральшчыца

la señora de la limpieza

страхар

el techador

афіцыянт

el camarero

паляўнічы

el cazador

мастак

el pintor

пекар

el panadero

электрык

el electricista

будаўнік

el obrero

інжынер

el ingeniero

мяснік

el carnicero

сантэхнік

el fontanero

паштальён

el cartero

салдат

el soldado

архітэктар

el arquitecto

касір

el cajero

фларыст

el florista

цырульнік

el peluquero

кандуктар

el revisor

механік

el mecánico

капітан

el capitán

стаматолаг

el dentista

вучоны

el científico

рабін

el rabino

імам

el imán

манах

el monje

святар

el sacerdote

прафесіі - los oficios

інструменты
las herramientas

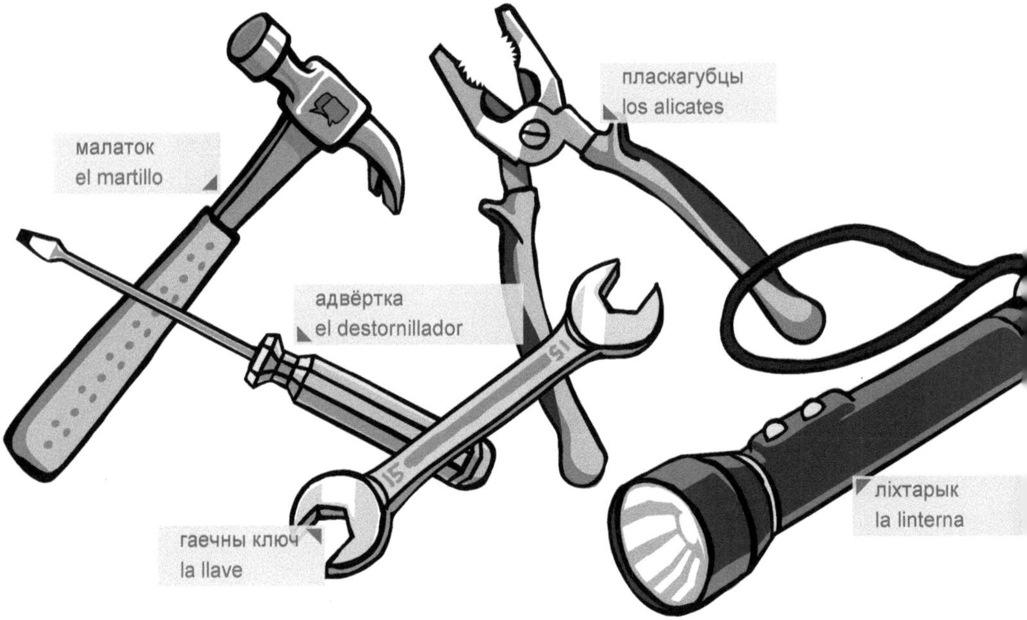
малаток
el martillo
пласкагубцы
los alicates
адвёртка
el destornillador
гаечны ключ
la llave
ліхтарык
la linterna

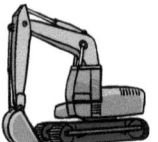

экскаватар

la excavadora

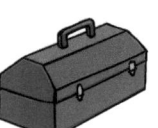

скрыня для інструментаў

la caja de herramientas

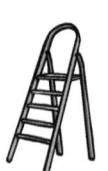

драбіны

la escalera de mano

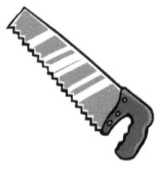

піла

la sierra

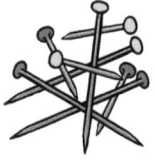

цвікі

los clavos

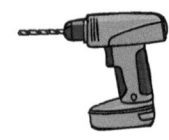

дрыль

el taladro

рамантаваць

reparar

рыдлеўка

la pala

Халера!

¡Maldita sea!

шуфлік для смецця

el recogedor

вядро з фарбаю

el bote de pintura

балты

los tornillos

музычныя інструменты
los instrumentos musicales

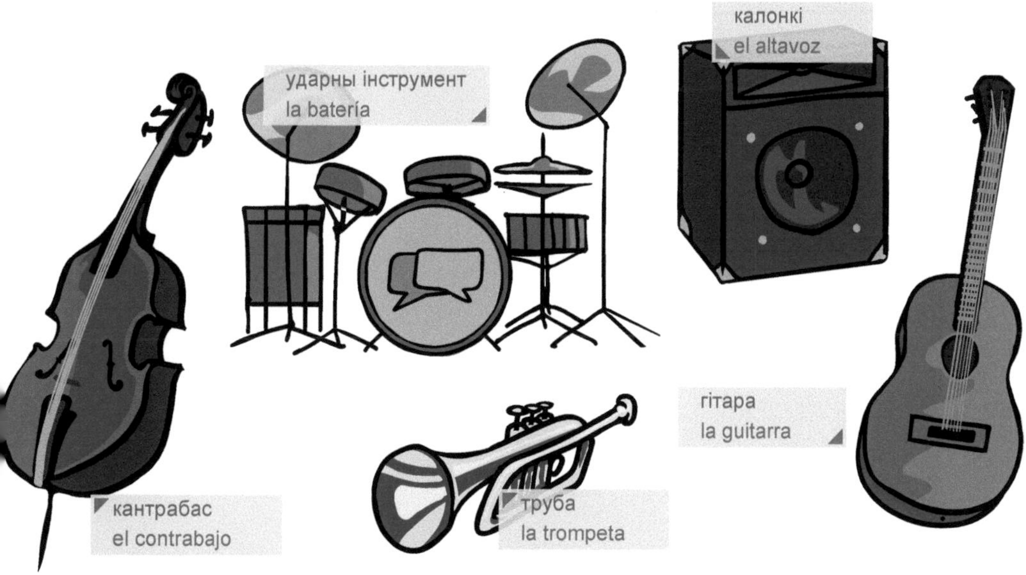

ударны інструмент
la batería

калонкі
el altavoz

гітара
la guitarra

кантрабас
el contrabajo

труба
la trompeta

піяніна

el piano

скрыпка

el violín

басгітара

bajo

літаўры

los timbales

барабан

el tambor

клавішны электрамузычны
інструмент

el teclado

саксафон

el saxofón

флейта

la flauta

мікрафон

el micrófono

заапарк
el zoo

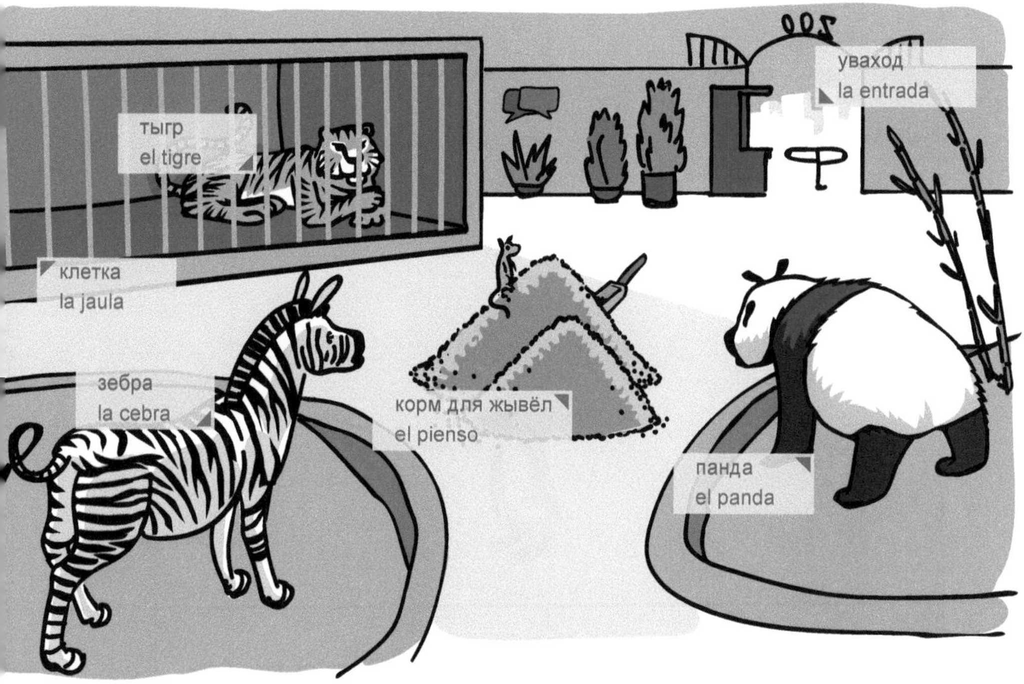

тыгр
el tigre
уваход
la entrada
клетка
la jaula
зебра
la cebra
корм для жывёл
el pienso
панда
el panda

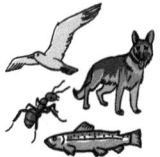

жывёлы

los animales

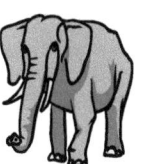

слон

el elefante

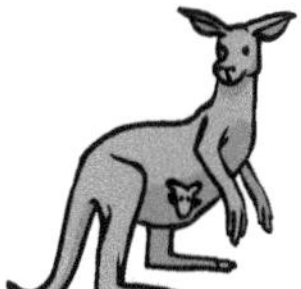

кенгуру

el canguro

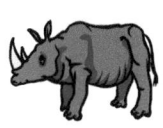

насарог

el rinoceronte

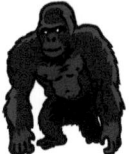

гарыла

el gorila

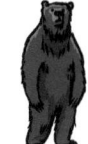

мядзведзь

el oso

вярблюд

el camello

стравус

el avestruz

леў

el león

малпа

el mono

фламінга

el flamingo

папугай

el loro

белы мядзведзь

el oso polar

пінгвін

el pingüino

акула

el tiburón

паўлін

el pavo real

змяя

la serpiente

кракадзіл

el cocodrilo

наглядчык заапарка

el guardián de zoológico

цюлень

la foca

ягуар

el jaguar

поні

el poni

леапард

el leopardo

бегемот

el hipopótamo

жыраф

la jirafa

арол

el águila

дзік

el jabalí

рыбак

el pescado

чарапаха

la tortuga

морж

la morsa

ліса

el zorro

газель

la gacela

амерыканскі футбол
el fútbol americano

веласпорт
el ciclismo

тэніс
el tenis

баскетбол
el baloncesto

плаванне
la natación

бокс
el boxeo

хакей з шайбай
el hockey sobre hielo

футбол
el fútbol

бадмінтон
el bádminton

лёгкая атлетыка
el atletismo

гандбол
el balonmano

горныя лыжы
el esquí

пола
el polo

дзейнасць
las actividades

скакаць
saltar
абдымаць
abrazar
смяяцца
reír
ісці
caminar
спяваць
cantar
марыць
soñar
маліцца
rezar
цалаваць
besar

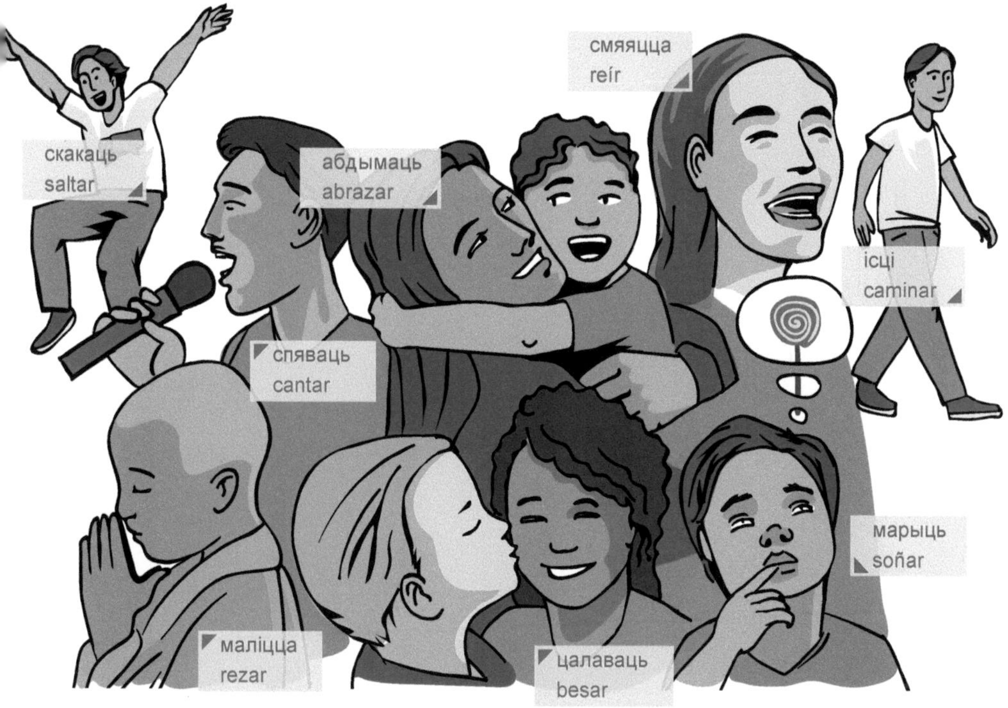

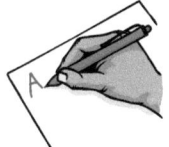

пісаць

escribir

маляваць

dibujar

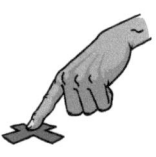

паказваць

mostrar

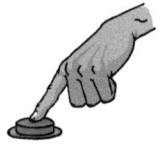

націснуць

empujar

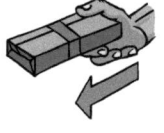

даваць

dar

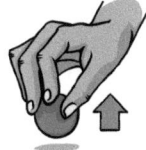

браць

tomar

маць

tener

выконваць

hacer

быць

ser

стаяць

estar de pie

бегчы

correr

цягнуць

tirar

кідаць

tirar

падаць

caer

ляжаць

yacer

чакаць

esperar

насіць

llevar

сядзець

estar sentado

апранацца

vestirse

спаць

dormir

прачынацца

despertar

глядзець
mirar

плакаць
llorar

лашчыць
acariciar

прычэсвацца
peinar

гаварыць
hablar

разумець
entender

пытаць
preguntar

чуць
escuchar

піць
beber

есці
comer

прыбіраць
ordenar

кахаць
amar

гатаваць
cocinar

ехаць
conducir

ляцаць
volar

плаваць пад ветразем

navegar

лічыць

calcular

чытаць

leer

вучыць

aprender

працаваць

trabajar

уступаць у шлюб

casarse

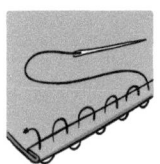

шыць

coser

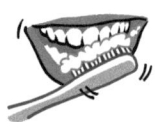

чысціць зубы

cepillarse los dientes

забіваць

matar

курыць

fumar

пасылаць

enviar

сям'я
la familia

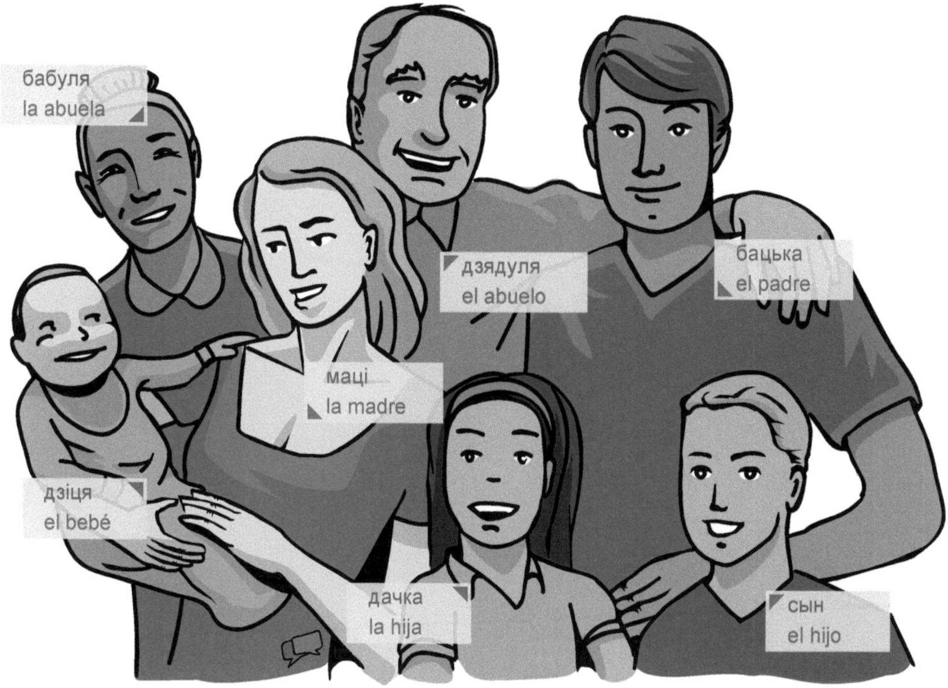

бабуля
la abuela
дзядуля
el abuelo
бацька
el padre
маці
la madre
дзіця
el bebé
дачка
la hija
сын
el hijo

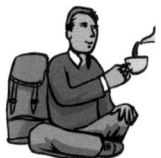

госць
el invitado

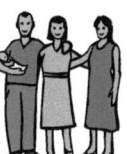

цётка
la tía

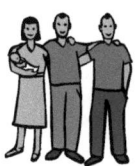

дзядзька
el tío

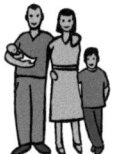

брат
el hermano

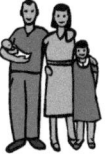

сястра
la hermana

цела
el cuerpo

лоб
la frente
вока
el ojo
пялчо
el hombro
палец
el dedo
твар
la cara
падбародак
la barbilla
рука
la mano
нага
la pierna
грудзі
el pecho
рука
el brazo

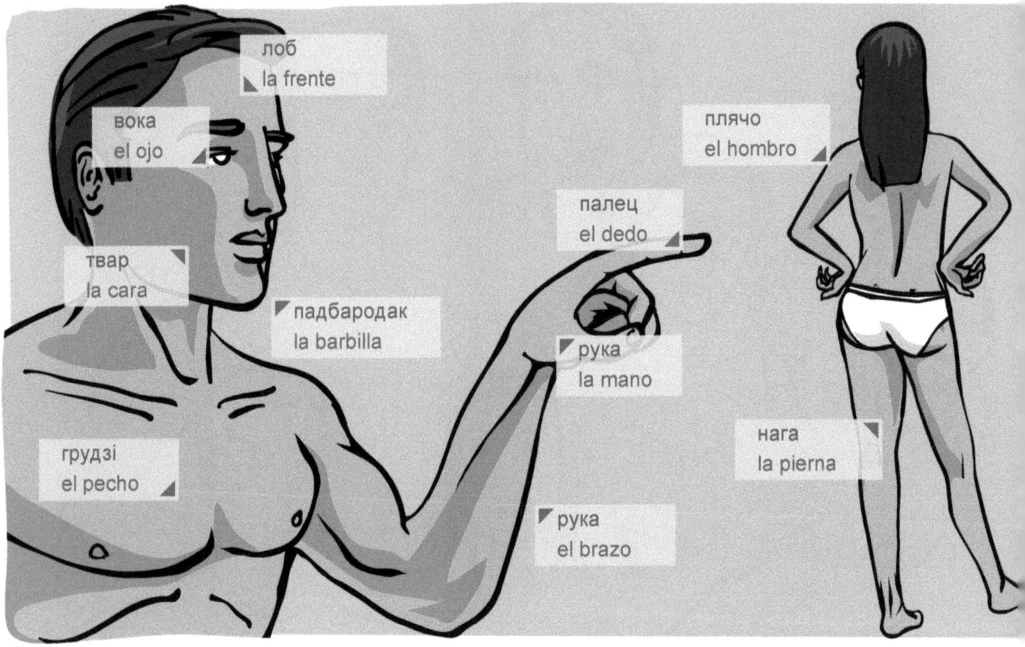

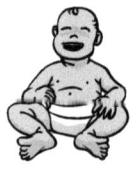

дзіця
el bebé

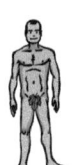

мужчына
el hombre

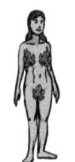

жанчына
la mujer

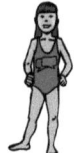

дзяўчынка
la chica

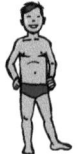

хлопчык
el chico

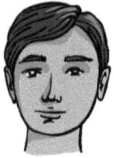

галава
la cabeza

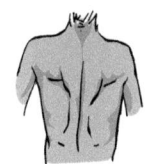

спіна

la espalda

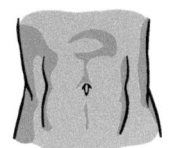

жывот

el vientre

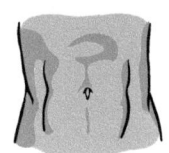

пуп

el ombligo

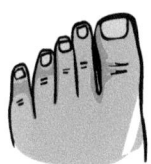

палец нагі

el dedo del pie

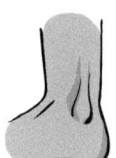

пятка

el talón

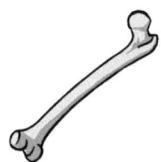

костка

el hueso

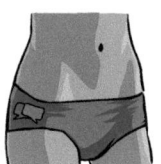

бядро

la cadera

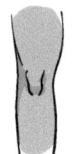

калена

la rodilla

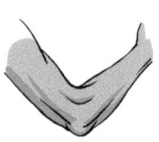

локаць

el codo

нос

la nariz

ягадзіца

el trasero

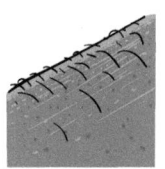

скура

la piel

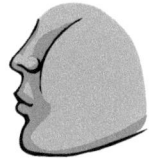

шчака

la mejilla

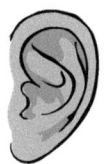

вуха

el oído

губа

el labio

рот

la boca

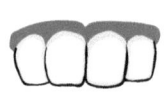

зуб

el diente

язык

la lengua

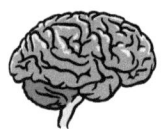

галаўны мозг

el cerebro

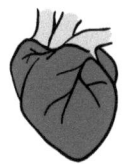

сэрца

el corazón

мышца

el músculo

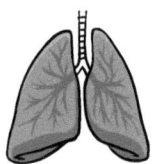

лёгкае

el pulmón

пячонка

el hígado

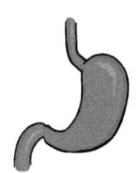

страўнік

el estómago

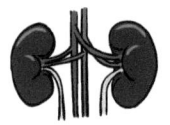

ныркі

los riñones

сэкс

el sexo

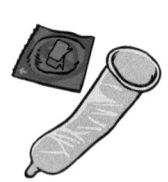

прэзерватыў

el condón

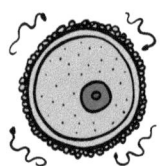

яйцаклетка

el ovario

сперма

el semen

цяжарнасць

el embarazo

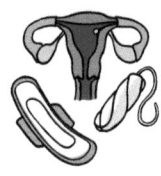

менструацыя

la menstruación

похва

la vagina

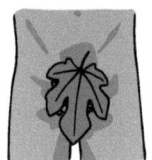

пеніс

el pene

брыво

la ceja

валасы

el pelo

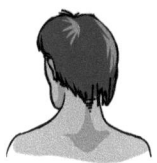

шыя

el cuello

шпіталь
el hospital

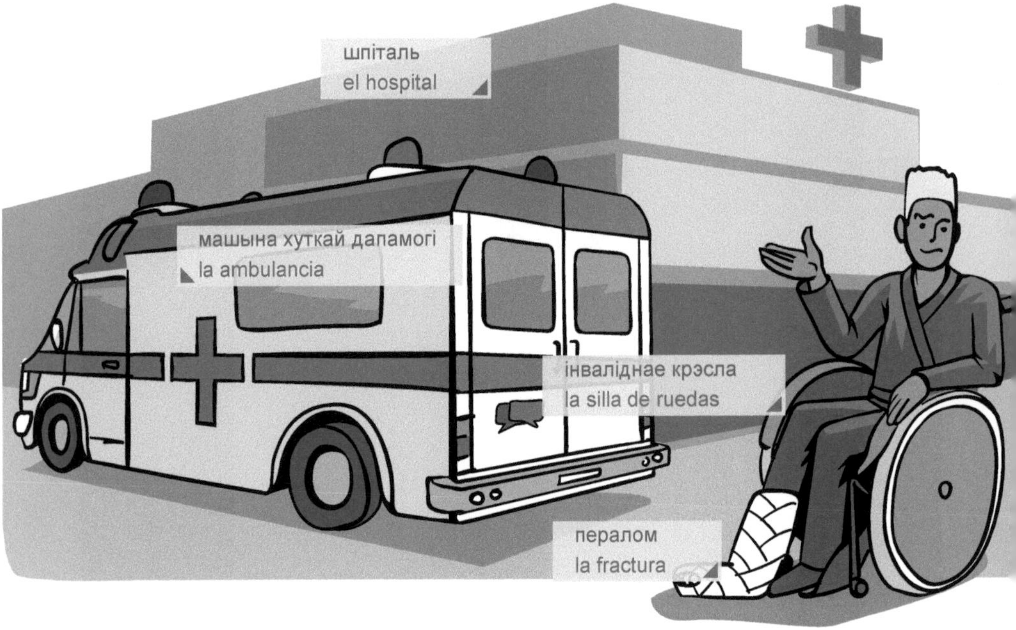

шпіталь
el hospital
машына хуткай дапамогі
la ambulancia
інваліднае крэсла
la silla de ruedas
пералом
la fractura

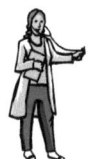

доктар

el médico

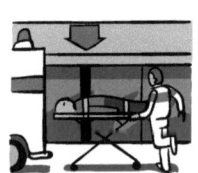

аддзяленне першай дапамогі

la sala de urgencias

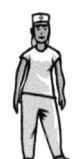

медсястра

la enfermera

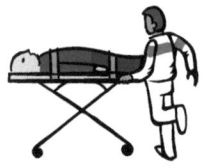

экстраная дапамога

la urgencia

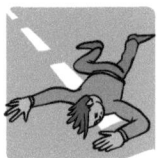

непрытомны

inconsciente

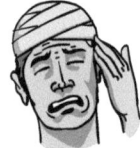

боль

el dolor

траўма

la lesión

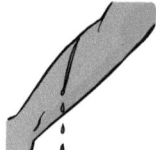

крывацёк

la hemorragia

інфаркт

el infarto

апаплексія

el ictus

алергія

la alergia

кашаль

la tos

гарачка

la fiebre

грып

la gripe

панос

la diarrea

галаўны боль

el dolor de cabeza

рак

el cáncer

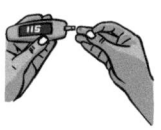

дыябет

la diabetes

хірург

el cirujano

скальпель

el bisturí

аперацыя

la operación

КТ

TAC

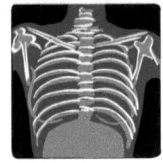

рэнтген

los rayos x

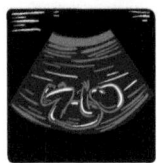

ультрагук

el ultrasonido

маска

la mascarilla

хвароба

la enfermedad

пачакальня

la sala de espera

мыліца

la muleta

пластыр

la tirita

бінт

la venda

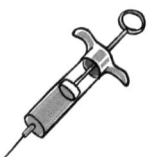

ін'екцыя

la inyección

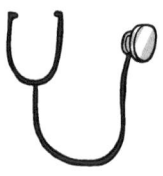

стэтаскоп

el estetoscopio

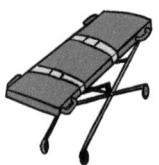

насілкі

la camilla

градуснік

el termómetro

нараджэнне

el nacimiento

лішняя вага

el sobrepeso

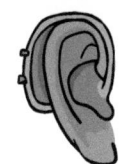

слухавы апарат

el audífono

дэзінфекцыйны сродак

el desinfectante

інфекцыя

la infección

вірус

el virus

ВІЧ/СНІД

VIH / SIDA

лекі

la medicina

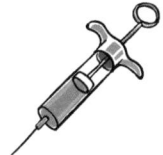

прышчэпка

la vacunación

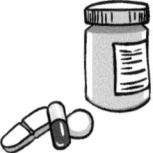

таблеткі

las tabletas

супрацьзачаткавая таблетка

la pastilla

экстраны выклік

la llamada de urgencia

танометр

el tensiómetro

хворы / здаровы

enfermo / sano

Ратуйце!

¡Socorro!

сігналізацыя

la alarma

напад

el asalto

атака

el ataque

небяспека

el peligro

аварыйны выхад

la salida de emergencia

Пажар!

¡Fuego!

вогнетушыцель

el extintor de incendios

аварыя

el accidente

аптэчка

el botiquín de primeros
auxilios

СОС

SOS

паліцыя

la policía

Еўропа

Europa

Паўночная Амерыка

Norteamérica

Паўднёвая Амерыка

Sudamérica

Афрыка

África

Азія

Asia

Аўстралія

Australia

Атлантычны акіян

el atlántico

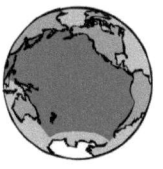

Ціхі акіян

el Pacífico

Індыйскі акіян

el Océano Índico

Паўднёвы ледавіты акіян

el Océano Antártico

Паўночны ледавіты акіян

el Océano Ártico

Паўночны полюс

el polo norte

Паўднёвы полюс

el polo sur

Антарктыда

La Antártida

Зямля

la tierra

краіна

la tierra

мора

el mar

востраў

la isla

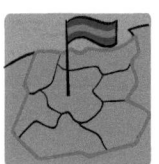

нацыя

la nación

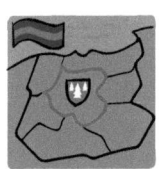

дзяржава

el estado

цыферблат

la esfera

гадзінная стрэлка

la manecilla de las horas

хвілінная стрэлка

el minutero

секундная стрэлка

el segundero

Колькі часу?

¿Qué hora es?

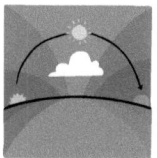

дзень

el día

час

el tiempo

зараз

ahora

электронны гадзіннік

el reloj digital

хвіліна

el minuto

гадзіна

la hora

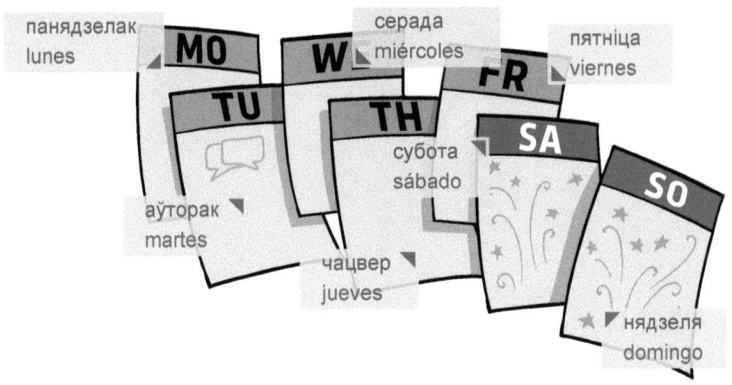

панядзелак
lunes

серада
miércoles

пятніца
viernes

аўторак
martes

чацвер
jueves

субота
sábado

нядзеля
domingo

ўчора
ayer

сёння
hoy

заўтра
mañana

раніца
la mañana

абед
el mediodía

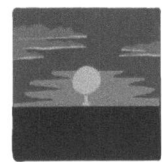

вечар
la tarde

працоўныя дні
los días laborables

выхадныя
el fin de semana

год
el año

дождж
la lluvia
вясёлка
el arcoíris
снег
la nieve
вецер
el viento
вясна
la primavera
восень
el otoño
лета
el verano
зіма
el invierno

4.APRIL 11°
5.APRIL 4°
6.APRIL 13°
7.APRIL 8°
8.APRIL 10°

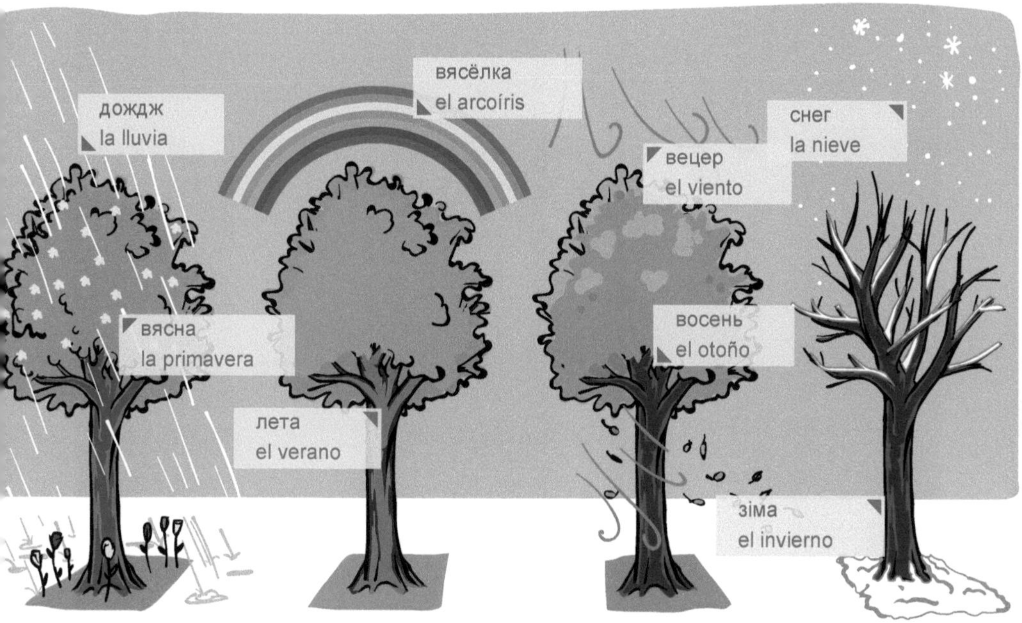

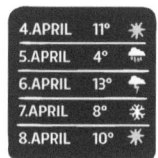

прагноз надвор'я

el pronóstico del tiempo

F C
120 40
90 30
60 20
30 10
0 0
-30 -10
-20

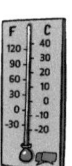

градуснік

el termómetro

сонечнае святло

el sol

воблака

la nube

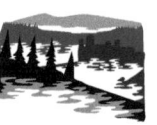

туман

la niebla

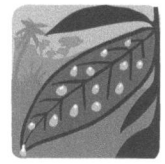

вільготнасць паветра

la humedad

маланка
el rayo

гром
el trueno

бура
la tormenta

град
el granizo

мусонны вецер
el monzón

прыліў
la inundación

лёд
el hielo

студзень
enero

люты
febrero

сакавік
marzo

красавік
abril

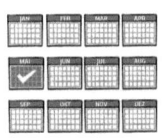

май
mayo

чэрвень
junio

ліпень
julio

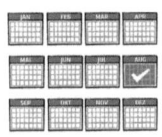

жнівень
agosto

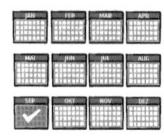

верасень

septiembre

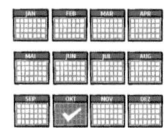

кастрычнік

octubre

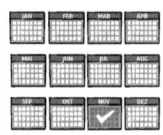

лістапад

noviembre

снежань

diciembre

формы
las formas

круг

el círculo

квадрат

el cuadrado

прамавугольнік

el rectángulo

трохвугольнік

el triángulo

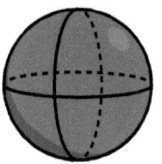

шар

la esfera

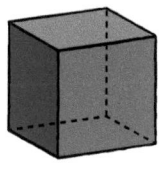

куб

el cubo

белы

blanco

жоўты

amarillo

аранжавы

anaranjado

ружовы

rosa

чырвоны

rojo

фіялетавы

morado

сіні

azul

зялёны

verde

карычневы

marrón

шэры

gris

чорны

negro

шмат / мала

mucho / poco

злы / добры

enojado / tranquilo

прыгожы / брыдкі

bonito / feo

пачатак / канец

principio / fin

высокі / малы

grande / pequeño

светлы / цёмны

claro / oscuro

сястра / брат

el hermano / la hermana

чысты / брудны

limpio / sucio

поўны / няпоўны

completo / incompleto

дзень / ноч

el día / la noche

мёртвы / жывы

muerto / vivo

шырокі / вузкі

ancho / estrecho

ядомы / неядомы

comestible / no comestible

злы / добры

malo / amable

узбуджаны / нудны

entusiasmado / aburrido

тоўсты / тонкі

gordo / delgado

першы / апошні

primero / último

сябар / вораг

el amigo / el enemigo

поўны / пусты

lleno / vacío

цвёрды / мяккі

duro / blando

важкі / лёгкі

pesado / ligero

голад / смага

el hambre / la sed

хворы / здаровы

enfermo / sano

нелегальны / легальны

ilegal / legal

разумны / дурны

inteligente / tonto

левы / правы

izquierda / derecha

побач / далёка

cerca / lejos

новы / былы ва ўжыванні

nuevo / usado

нічога / нешта

nada / algo

стары / малады

viejo / joven

укл / выкл

encendido / apagado

адчынены / зачынены

abierto / cerrado

ціхі / гучны

silencioso / ruidoso

багаты / бедны

rico / pobre

правільна / няправільна

correcto / incorrecto

шурпаты / гладкі

áspero / suave

сумны / шчаслівы

triste / contento

кароткі / доўгі

corto / largo

павольны / хуткі

lento / rápido

вільготны / сухі

húmedo / seco

цёплы / халаднаваты

cálido / frío

вайна / мір

guerra / paz

0	**1**	**2**
нуль	адзін	два
cero	uno	dos

3	**4**	**5**
тры	чатыры	пяць
tres	cuatro	cinco

6	**7**	**8**
шэсць	сем	восем
seis	siete	ocho

9	**10**	**11**
дзевяць	дзесяць	адзінаццаць
nueve	diez	once

12

дванаццаць
doce

13

трынаццаць
trece

14

чатырнаццаць
catorce

15

пятнаццаць
quince

16

шаснаццаць
dieciséis

17

сямнаццаць
diecisiete

18

васямнаццаць
dieciocho

19

дзевятнаццаць
diecinueve

20

дваццаць
veinte

100

сто
cien

1.000

тысяча
mil

1.000.000

мільён
el millón

англійская
....
el inglés

англійская (Амерыка)
....
el inglés americano

кітайская мандарынская
....
el chino madarín

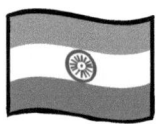

хіндзі
....
el hindi

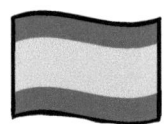

іспанская
....
el español

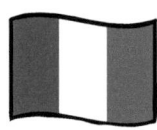

французская
....
el francés

арабская
....
el árabe

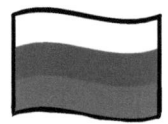

руская
....
el ruso

партугальская
....
el portugués

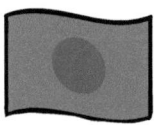

бенгальская
....
el bengalí

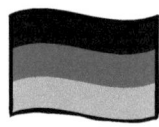

нямецкая
....
el alemán

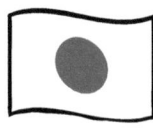

японская
....
el japonés

я

yo

ты

tú

ён / яна / яно

él / ella / ello

мы

nosotros/as

вы

vosotros/as

яны

ellos/as

хто?

¿quién?

што?

¿qué?

як?

¿cómo?

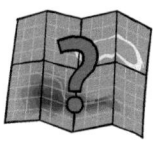

дзе?

¿dónde?

калі?

¿cuándo?

імя

el nombre

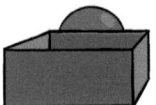

за
detrás

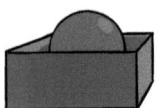

у
en

перад
delante de

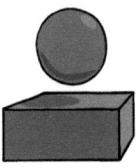

над
por encima de

на
sobre

пад
debajo de

каля
junto a

паміж
entre

месца
el lugar